AF228981

¿Con qué trabaja el dentista?

Julie Murray

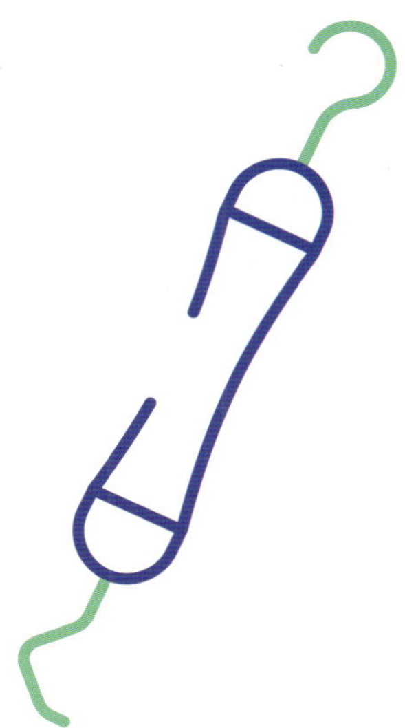

Abdo Kids Junior es una subdivisión de Abdo Kids
abdobooks.com

abdobooks.com

Published by Abdo Kids, a division of ABDO, P.O. Box 398166, Minneapolis, Minnesota 55439.
Copyright © 2025 by Abdo Consulting Group, Inc. International copyrights reserved in all countries.
No part of this book may be reproduced in any form without written permission from the publisher.
Abdo Kids Junior™ is a trademark and logo of Abdo Kids.

Printed in China

102024

012025

 THIS BOOK CONTAINS
RECYCLED MATERIALS

Spanish Translator: Maria Puchol

Photo Credits: Getty Images, Shutterstock

Production Contributors: Teddy Borth, Jennie Forsberg, Grace Hansen

Design Contributors: Candice Keimig, Pakou Moua

Library of Congress Control Number: 2024939023

Publisher's Cataloging-in-Publication Data

Names: Murray, Julie, author.

Title: ¿Con qué trabaja el dentista?/ by Julie Murray.

Other title: Tools at the dentist. Spanish

Description: Minneapolis, Minnesota: Abdo Kids, 2025. | Series: Dientes sonrientes | Includes online
    resources and index

Identifiers: ISBN 9798384904175 (lib.bdg.) | ISBN 9798384904731 (ebook)

Subjects: LCSH: Dental instruments and apparatus--Juvenile literature. | Teeth--Care and hygiene--
    Juvenile literature. | Dental health education--Juvenile literature. | Spanish language materials--
    Juvenile literature.

Classification: DDC 617.6--dc23

Contenido

Instrumentos dentales

Los dentistas usan instrumentos especiales para cuidar los dientes. ¡Hay muchos instrumentos diferentes!

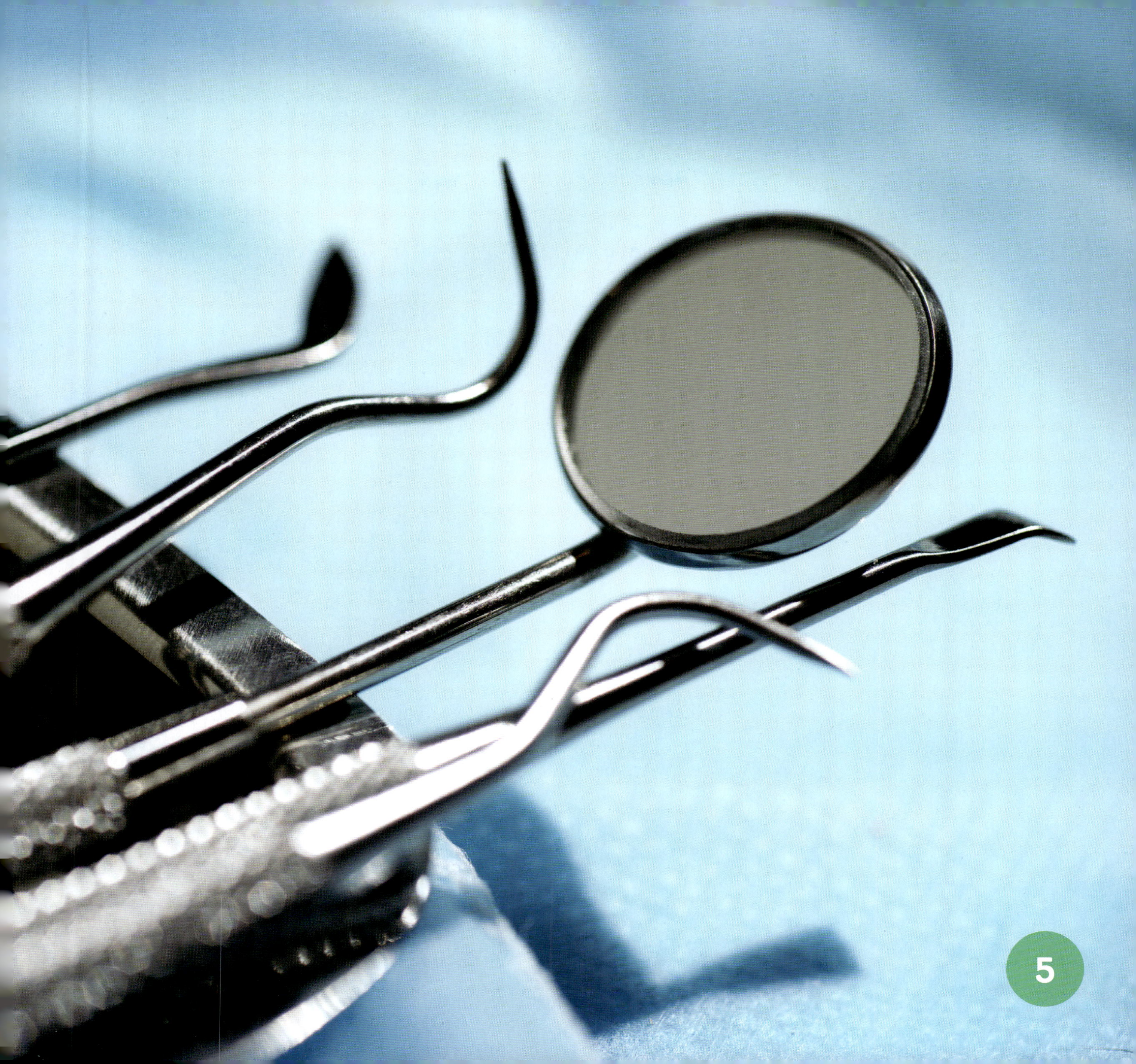

El espejo es redondo. Le

ayuda a ver todos los dientes.

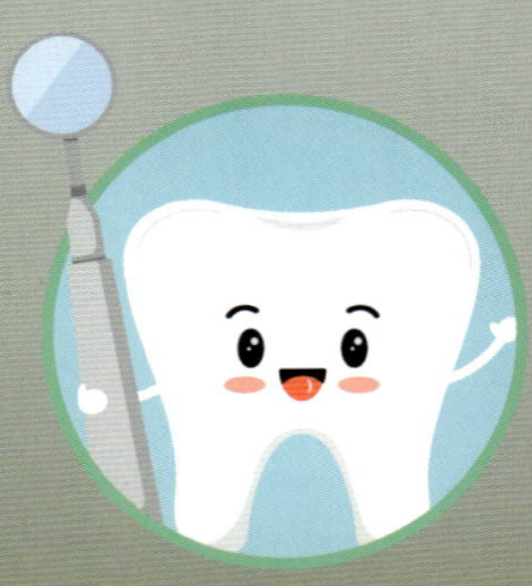

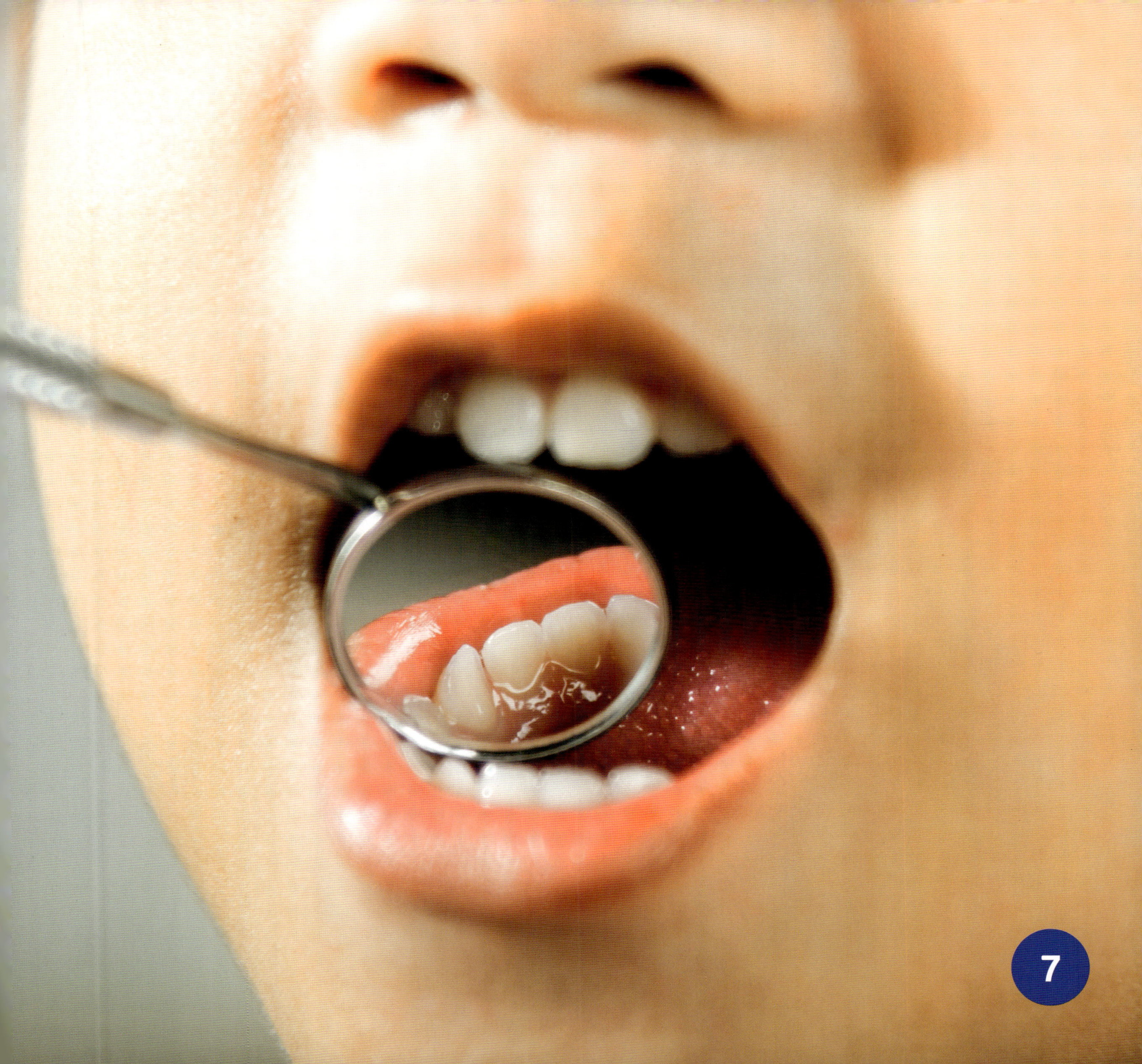

El escalador dental se usa
por los dos lados. Sirve para
quitar el **sarro**.

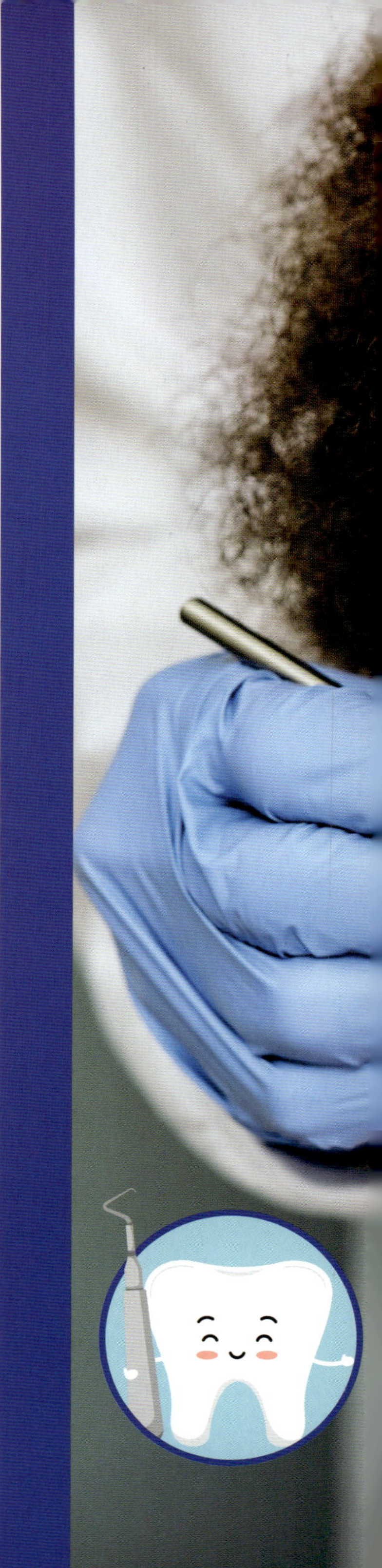

9

La pulidora gira, sirve

para limpiar los dientes.

11

Tina tiene una **caries**. Usan una fresa odontológica para eliminarla.

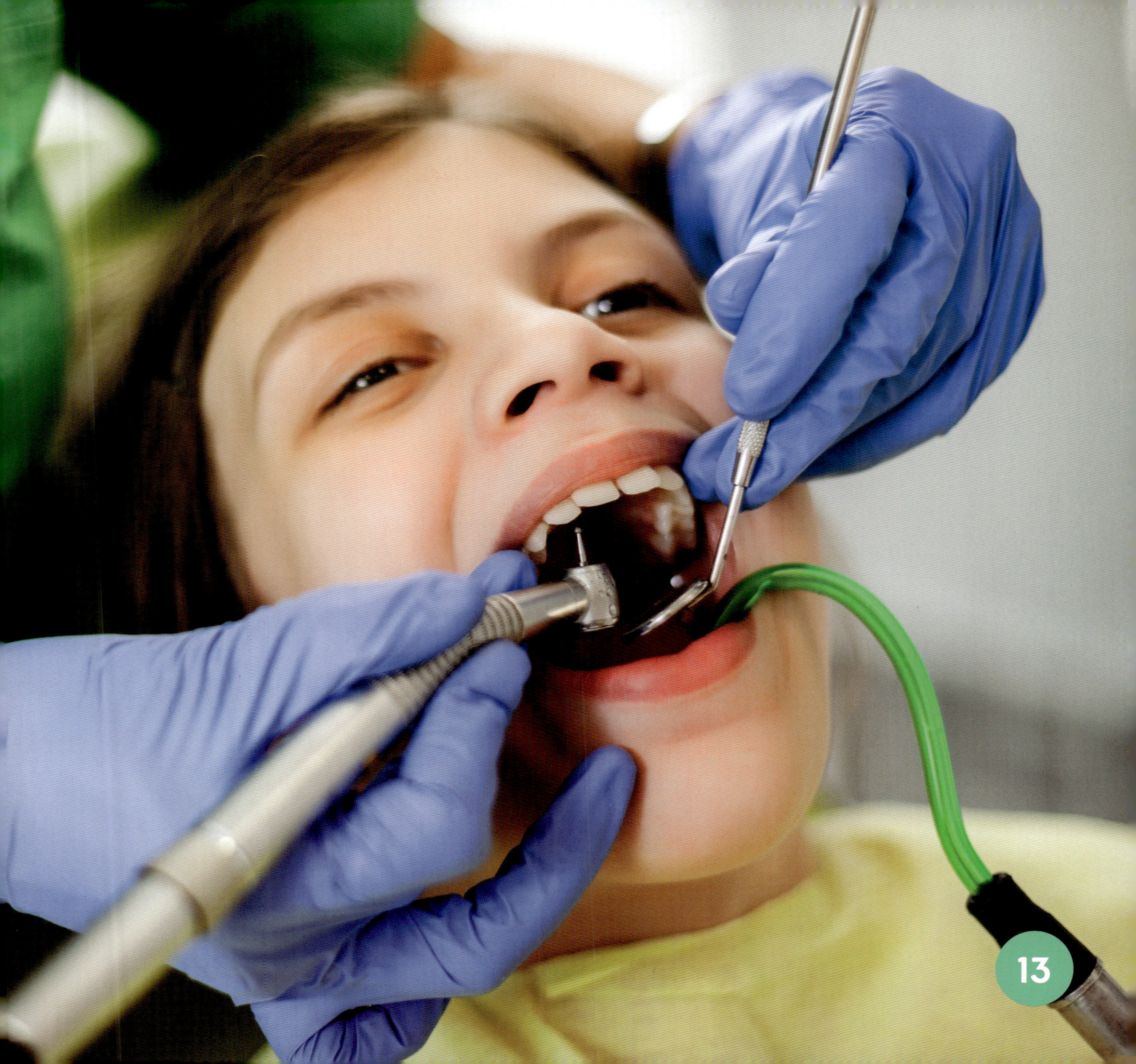

13

Un instrumento tira aire,
otro tira agua.

Es necesario usar un instrumento de **succión**. Ayuda a que la boca esté limpia y seca.

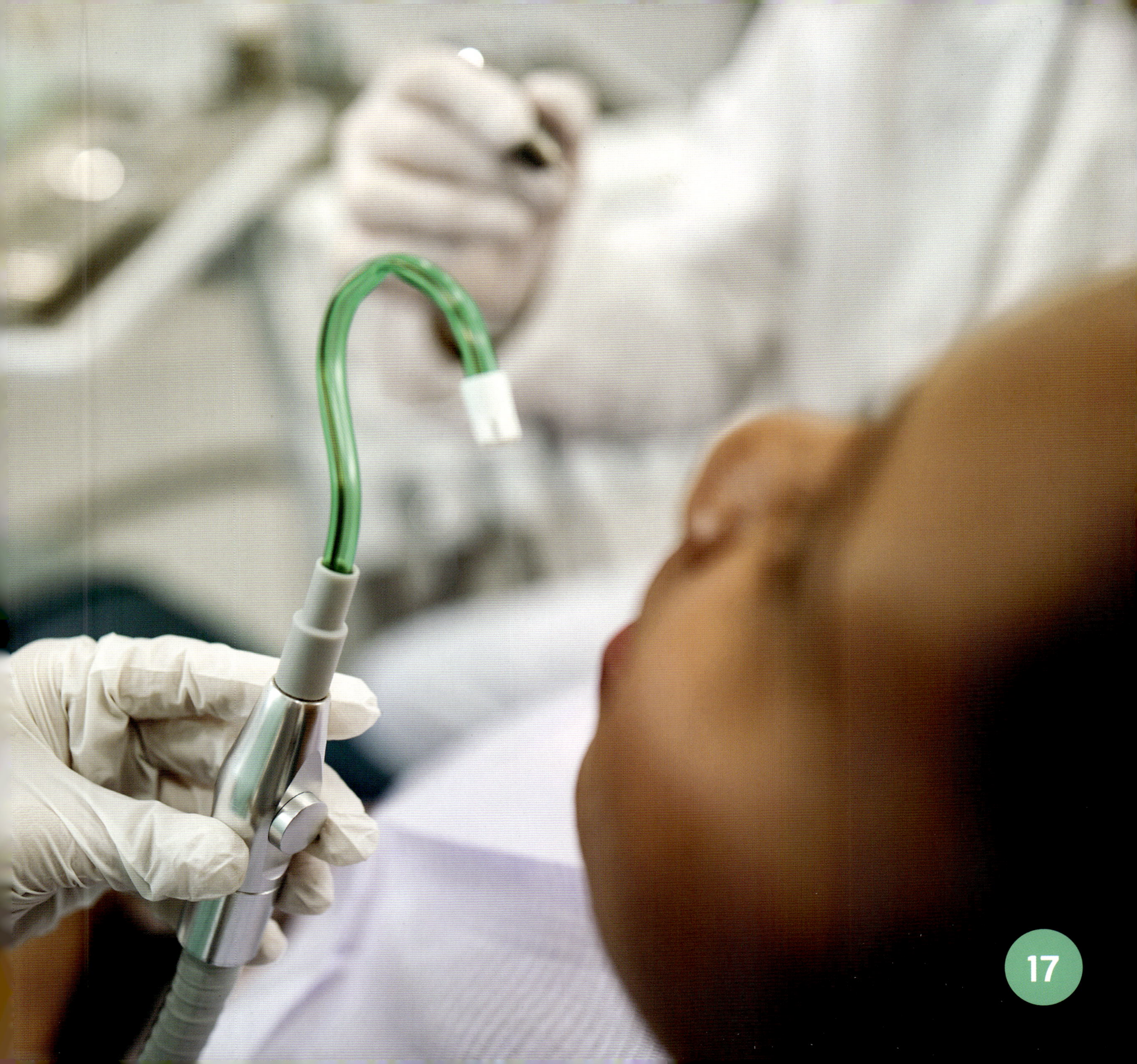

17

A May le hacen una radiografía con **rayos X**. Se pueden ver todos los dientes.

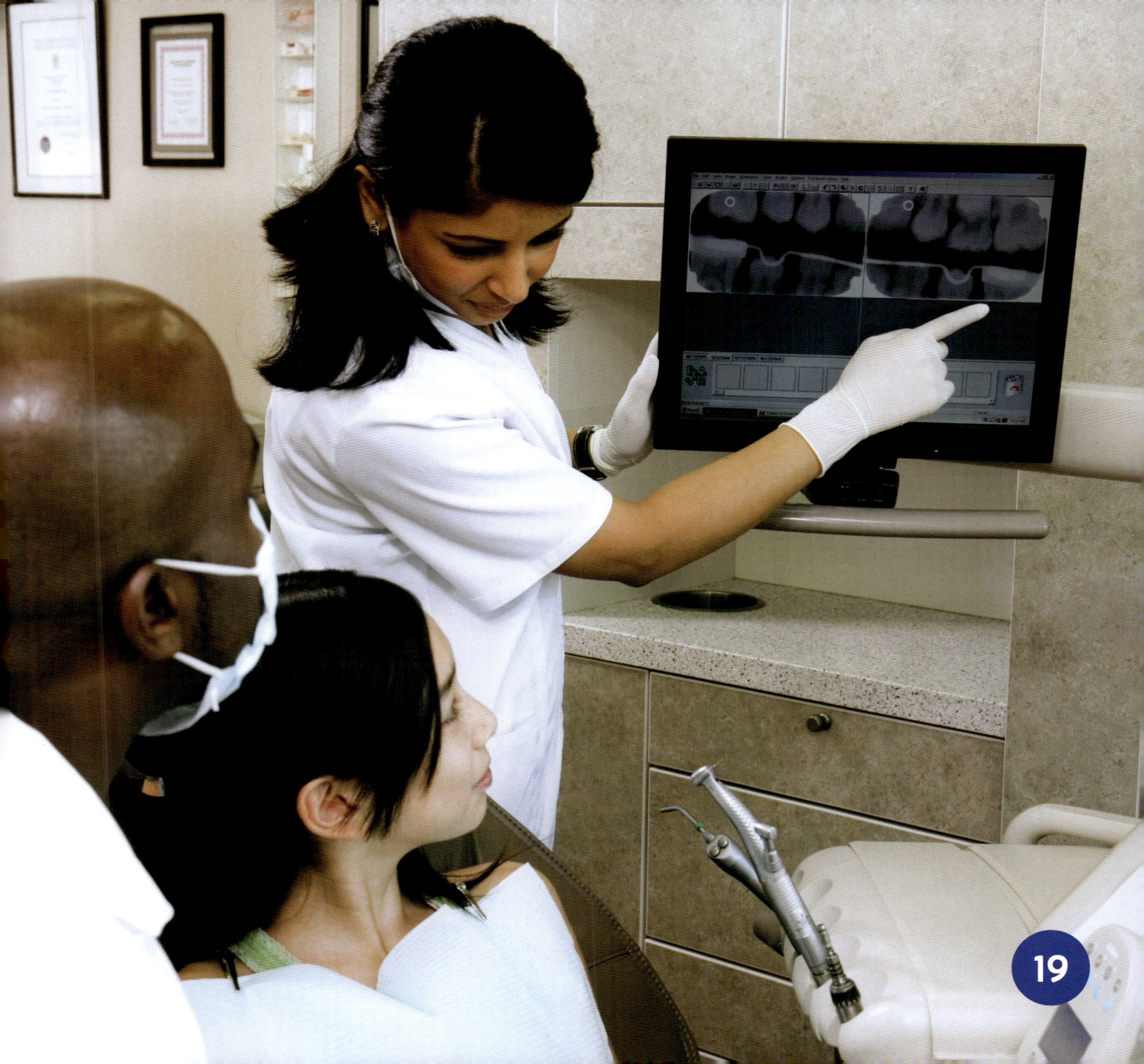

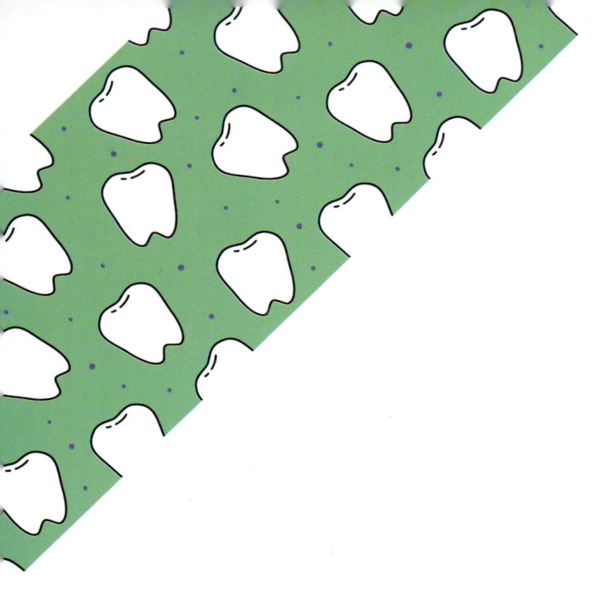

Los instrumentos del dentista son importantes. ¡Ayudan a mantener los dientes sanos!

21

Los instrumentos

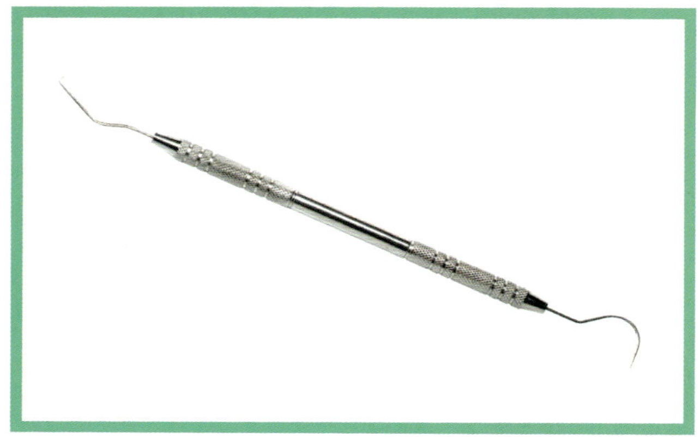

escalador

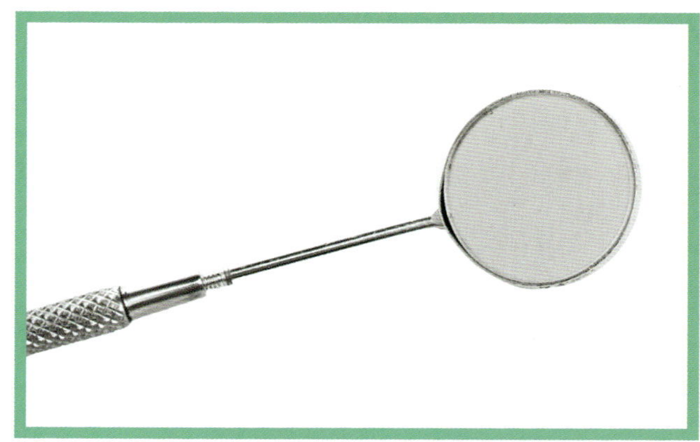

espejo

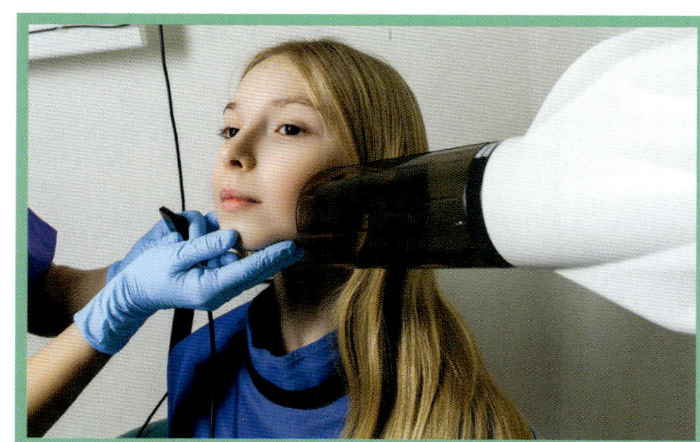

máquina de Rayos X

pulidora

Glosario

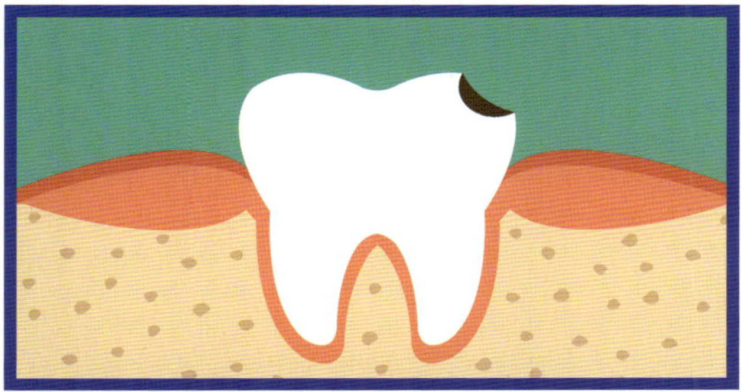

caries

apertura o agujero diminuto en un diente.

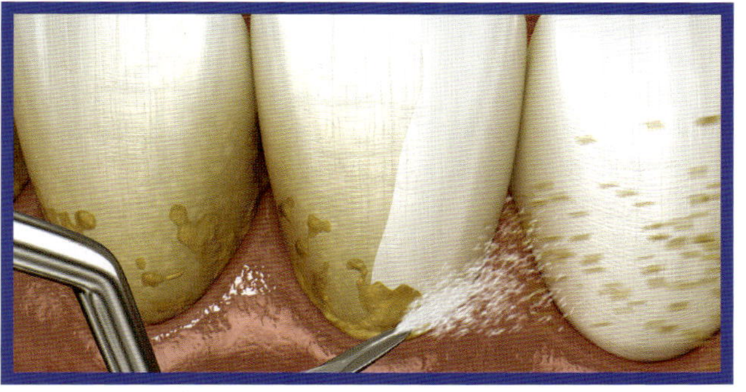

sarro

capa de bacteria y saliva que se forma y pega a los dientes.

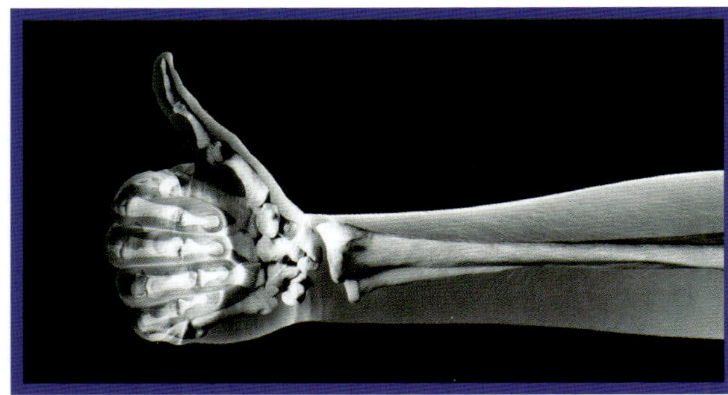

rayos X

fotografía del interior del cuerpo tomada con una máquina especial.

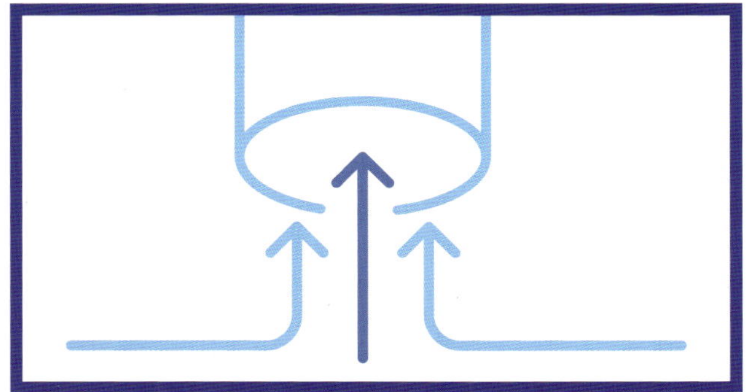

succión

fuerza que absorbe o expulsa líquido con una aspiradora.

Índice

¡Visita nuestra página **abdokids.com** y usa este código para tener acceso a juegos, manualidades, videos y mucho más!

Los recursos de internet están en inglés.